生長の家ヒューマン・ドキュメント選

調和の教えに生かされて

★

日本教文社編

日本教文社

調和の教えに生かされて　目次

装幀　松下晴美

編者はしがき

この「生長の家ヒューマン・ドキュメント選」シリーズは、生長の家の信仰を持つことによって、人生を好転させた顕著な体験をした方々を紹介する小社刊行の月刊誌『光の泉』の「ヒューマン・ドキュメント」をテーマ別に精選編纂したものです。

本書は特に戦後の深刻な思想混迷の時代に、生長の家で説かれる中心帰一の真理、日本国の実相、天皇陛下の真のお姿の話を聞いて感動し、日本人に生まれた喜びと誇りをもって、明るく調和した人生を歩み始めた方々の体験を中心に紹介しています。本書中の年齢・職業・役職等は同誌に掲載された当時のもので、記事の初出年月はそれぞれの末尾に明記してあります。本書が読者の調和ある人生のためのよき指針となることを願って止みません。

日本教文社第二編集部

祖国への恨みを感謝へ
心が運命を変えた

沖縄県　平良光彦《たいらみつひこ》さん（69歳）

戦争中、満州《まんしゅう》（中国東北部）で負傷して共産軍の捕虜になった。そこで徹底した共産主義教育を受け、こんな過酷な運命に陥《おちい》ったのは、天皇陛下のせいだと思い込むようになった。だが戦後、生長の家と出会って真実を知り、天皇陛下の深い愛に感動、心が晴れると運命も好転しはじめた。

南国の日差しが照りつける土曜日の午後、那覇《なは》空港から街に出た。数は少なくなったが、琉球瓦の赤い屋根の上にシーサー（魔除けの獅子）が鎮座した古い家並が風情を感じさせる。

一方、巨大な米軍嘉手納《かでな》基地の存在もいやおうなしに目につく。戦後長く米国の統治下に置かれた沖縄は、この五月でちょうど本土復帰二十周年を迎える。かつての琉球王朝のシンボル、首里《しゅり》城の復元作業が記念事業に間に合わせるべく急ピッチで進んでいた。

空港でお会いした後、私達を南部戦跡に案内してくれた平良さんは、ガジュマルの森に囲まれた〝健児の塔〟(戦没沖縄学徒の慰霊碑)の前で足を止めた。

「ここに、いとこの名前が刻まれとるんですよ」

と、感慨深げに手を合わせる。

本島南部には、沖縄戦跡国定公園として〝ひめゆりの塔〟や地下壕などの戦火の爪痕が数多く残され、観光バスがしきりに往来している。艱難《かんなん》をこえてなお逞《たくま》しく生きたウチナンチュー(沖縄県人)の歴史がここにある。

帰路につく車を運転しながら、平良さんはしみじみと語った。

「もし、み教えにふれることがなかったら、わしの人生はどないなっとったかなあ。生長の家をはじめてもう三十年になるがね。戦争で負傷してから、ずっと祖国や天皇陛下をお恨《うら》みしておった。恨み心を持ったままでは、人生ダメになっていたね。だからこの教えに本当に感謝しとるのですよ」

祖国への恨みを感謝へ。心が運命を変えた

“人間神の子” の教えにふれ、「恨み心が感謝の心に変わって、人生が明るく開けました」と語る平良さん

アスファルト道路の継目を乗り越えるたびに、ハンドルを握る大柄な体躯《たいく》が揺れた。窓の外にはいつのまにか鈍色《にびいろ》の雲が広がり、東シナ海に沈む夕陽が雲間に見えかくれしていた。

十七歳で満蒙開拓団に

昭和十五年、中国大陸では日中間で戦火を交えていた頃……。

平良さんは海外雄飛の夢を抱いて、満蒙開拓団の一員として単身中国へ渡った。まだ十七歳の少年だった。青少年義勇軍に参加し、国境警備にあたりながら満州の開拓に青春を賭《か》けた。

やがて徴兵され戦地に赴《おもむ》いたが、左腕を負傷して終戦を迎え、ソ連軍の捕虜となって収容された。

このとき平良さんには、徴兵される直前に結婚した妻がいた。出産のため沖縄に帰したが、米軍の沖縄上陸の激戦のさなかに、生まれたばかりの子を失い、奥さんとは音信不通で生き別れになった。

一方、そんな祖国の状況を知る手立てもないまま、その後平良さんは、八路軍《はちろ》（中国共産党軍）の兵器修理工場に配属され、百八十人の日本人とともに強制労働をさせられた。やがて、その中から平良さんともう一名が選ばれて、政治訓練学校に送りこまれた。

「そこでは全満から青年四十人位が集められてね、中国人の政治将校に朝六時から夜十時まで、共産主義イデオロギーを徹底して叩き込まれたさ。戦争に負け、人民が抑圧されてるのは天皇のせいだと繰り返し教えられたよ。それで階級闘争の社会だ、神も仏もない、と思い込むようになったんだ」

ようやく帰国できたのは、昭和二十八年十一月だった。手傷を負った元日本兵は、ガチガチの唯物論者《ゆいぶつろん》になっていた。

「帰ってきた沖縄は米軍に全部占領されていてね、見るもの聞くものすべてがシャクにさわったさ……」

妻がガンに倒れて

翌年二度目の結婚をしたが、妻が洋裁で家計を賄《まかな》い、自分は仕事につかずブラブラしながら、人の集まる所に出かけては共産主義の宣伝活動を熱心にやっていた。四人の子供が生まれたが、家庭を顧みることはなかった。

ところが結婚八年目に、妻が直腸ガンで倒れてしまった。

「その頃、ガンといえば治る見込みがなくてね、手術は受けたが物質的な治療はあきらめとった。そんなとき生長の家と出会った。母や妹が信徒で以前から話は聞いていたが、宗教はアヘンだと思ってバカにしていた。けれどその時はね、神にも仏にもすがりたい気持ちになっていたね」

妹の勧めで、夫婦そろって生長の家の松本力《つとむ》講師の家に伺い、個人指導を受けた。

「現象は心の反映《かげ》だという、自分が信じていた唯物論とは正反対の内容だったが、よくよく話をきくと、なるほどと納得できた。〝病気はない、人間は肉体ではない、不死不滅のいのちだ〟という力強い言葉にひかれたんだねえ」

話を聞いている奥さんの顔色がみるみるよくなった。まだ腹部の手術の傷跡が生々しかったが、翌日病院で検査を受けると、傷は一日にして跡形もなく消えていた。これには医者も驚き、「不思議だ、不思議だ」を連発。それで、この教えはホンモノだと確信するようになった。

その後、夫婦で『生命《せいめい》の實相《じっそう》』＊を読み、誌友会＊にも出かけて教えを学び続けたところ、奥さんのガンの病いはしだいに快方に向かい、やがて治ってしまった。

恨むこころが消えたとき

「それでもまだ、聖経《せいきょう》『甘露《かんろ》の法雨《ほうう》』＊に書かれている〝皇恩《こうおん》に感謝せよ〟の部分だけは飛ばして読んでいたね」

共産主義の影響からはなかなか抜けきれなかった。もうひとつの転機が訪れたのは数年後のことだ。

昭和四十年、生長の家創始者・谷口雅春《まさはる》先生＊が初めて沖縄をご巡錫《じゅんしゃく》され、一月七日から十日まで那覇市で講習会が行われた。新装なったばかりの光明会館は、琉球独得の朱瓦《あかがわら》に彩られた竜宮城のような建物だった。満場立錐の余地なく、信徒達の熱気に溢《あふ》れていた。平良さんは、会場で谷口先生のご講話を聴いているうちに、涙を抑えることができなかった。

「ご講話のすべてに感激しましたが、なかでも終戦直後の昭和天皇とマッカーサー元帥との会見の逸話《いつわ》をはじめて知ったんですよ。陛下は、〝一切の責任は自分にある、この身はどうなっても構わないから国民のいのちを救ってほしい〟と、生命も財産も投げ出されたという事実には驚いた。申し訳ないという気持ちでいっぱいだった。このとき、自分のいままでの恨みや憎しみの心が忽然《こつねん》と消えた。陛下の国民への深い愛に、自分は間違っていたと気づかされたんだ」

心が晴れ晴れとして、すべての人や物や事に感謝する気持ちがこんこんと湧いてきた。また同時に、谷口清超《せいちょう》先生（生長の家総裁）が沖縄をご巡錫された際、次のようなご文章を書かれているのを知った。

《どうしても沖縄の人々を、不当な苦しみの十字架からおろして、安らかな神の国に置きその前に拝跪《はいき》しなければならないのである。どうしても沖縄の人々に幸せになっていただかなければ、同胞として吾々の責務が果せないのである。》（『聖使命』新聞、昭和三十一年二月一日号）

胸が震えるような感動に、この教えに全面的についてゆこうと決心した。こうして、心がガラリと変わると、環境が変わり、運命の歯車は好転しはじめた……。

まず子供達に変化が現れた。

当時、小学生で末っ子の仁君《まさし》は、学校の成績が悪かった。成績表をみると、体育が「2」で他の学科は「オール1」。子は親の鏡、申し訳なかったと反省した。生長の家で教わった〝ほめる教育〟をしなければと思っていたところ、たまたま机の上にあった版画が目についた。

「仁、これお前が作ったんか。うまいもんだなあ。国語や算数は暗記すれば誰でもできるが、版画はそうはいかん。お前のチエが作ったんだぞ。仁はすばらしいなあ」と盛んにほめた。すると仁君の成績はみるみる上昇し、半年後には「3」と「4」ばかりになった。なるほど〝言葉の力〟*はスゴイと実感した。

また中学校のPTA役員になると、話好きな平良さんは、校長室に行ってよく世間話をした。

「いやあ校長先生はすばらしいですなあ、この中学は日本一ですわ」といつも言い続けた。すると、同校の泊《とまり》ミチコさんという女子生徒が〝アオムシの観察〟という自由研究

の分野で、日本一賞に選ばれた。また学校自体も文部省から優秀校として表彰され、喜んだ校長先生は、

「いやあ、平良さんが日本一、日本一とあんまり言うもんで、本当に日本一が現れましたなあ」と。

人の集まる所が好きで世話好きな平良さんは、PTA会長に何度も選ばれた。会長時代には、「日の丸」掲揚運動や、卒業式の「君が代」斉唱を呼び掛けて、実施にこぎつけた。

かつては共産主義の話をして回った人が、いつのまにか生長の家の宣伝をして歩くようになった。

「ガンが治った妻は、その後十五年間元気に生きて霊界に旅立ちました。妻は、〝私は生長の家のおかげで救われたけれど、愛行《あいぎょう》*ができなかったのが心残り〟と遺言した。その言葉が、教えを広め歩くいまの自分につながっているね」

やがて、三度目の奥さんのトミエさんと結ばれたが、再婚同士なので、「おかげ様で孫が二倍になった」と夫婦は屈託《くったく》なく笑う。

五十九歳のチャレンジ

こんなこともあった。

東京海上火災保険の社員募集に応募したときのことだ。いままで色々な仕事を転々としてきたが、こんな一流の会社ははじめて。応募の資格には「満五十九歳までの男子」とあり、あと数週間で期限切れになるギリギリだった。書類を提出し、入社合格を毎日祈っていた。面接日がちょうど、五月二十五日、五十九歳の誕生日とぴったり重なった。

保険会社の面接試験に向い、しばらく待たされて応接室に入った。支店長ほか数人の重役がいて、質問が始まった。

「平良さん、あなたの美点は何ですか」と支店長。

「とくに美点はないんですが、しいて申し上げれば、人を憎めないのが美点でしょうか」

「ほう、何で人を憎めないの」

「じつは、私は信仰をしておりまして、〝天地一切のものに感謝せよ〟という教えなものですから、人を憎めないのです」

「どんな宗教をやってるの」

「はい、生長の家でございます」

「おお！　生長の家か。実は私もね、若い頃病気を患《わずら》って入院していた時に、『生命の實相』を読ませてもらったよ」

するとと別の役員が聞いた。

「それじゃあ平良さんは、谷口雅春先生の弟子か」

「はい、そうでございます」

にっこり微笑《ほほえ》んでそう答えると、平良さんは合格を確信した。

そして、入社二年目には代理店拡張業務で優秀社員として表彰され、支店の牽引《けんいん》役として活躍した。

また仕事ばかりでなく、地域での人望も厚く、警察から委嘱されて、青少年補導員のボランティアを二十年も続けており、感謝状や表彰状は数知れない。

「とくに若い人にはね、日本という素晴らしい国に生まれたこと、そして〝人間・神の子〟の真理を知ってもらいたくてね。私はこれを知らずに随分《ずいぶん》回り道をしたからね。

ワッハッハッ」

南国の太陽に焼けた顔からまっ白い歯がのぞき、大きな笑い声が広がった。

(平成四年五月号　取材/亀崎昌義　撮影/坪和正幸)

*『生命の實相』=生長の家創始者・谷口雅春著、全四十巻。昭和七年発刊以来、累計千九百万部を超え、無数の人々に生きる喜びと希望を与え続けている。日本教文社刊。

*誌友会=生長の家の聖典や月刊誌をテキストに教えを学ぶ信徒のつどい。

*聖経『甘露の法雨』=谷口雅春著。宇宙の真理が分かりやすい言葉で書かれている生長の家のお経。詳しくは、谷口清超著『『甘露の法雨』をよもう』、谷口雅春著『新講『甘露の法雨』解釋』参照。(日本教文社刊)

*谷口雅春先生=昭和六十年に満九十一歳にて昇天。

*言葉の力=コトバには善きにつけ悪しきにつけ、物事を成就する力があると生長の家では教えている。ここでいうコトバとは、口から発する言葉のほかに思念や表情も入る。

*愛行=生長の家の月刊誌を配布するなどの〝愛他行〟のこと。

シベリア抑留の心の傷を癒してくれた「光一元の教え」

奈良県　自営業　藤本《ふじもと》　順三《じゅんぞう》さん（71歳）

シベリアでの過酷な体験から絶望感に陥った藤本さんは、帰国後、一時は死を考えた。しかし、生長の家の教えに飛び込んだとき、性格も運命もすべてが明るく好転し出した……。

「昔は漫才聞いて怒ってたんですよ。人間はあんな冗談言うもんでないと腹が立ってね」

思いがけない藤本さんの言葉に戸惑いながらも吹き出すと、傍《かたわ》らにいた励子《れいこ》夫人が言葉をついだ。

「主人と婚約して、初めて法隆寺へ連れて行って貰ったんです。そしたら、ここの百済《くだら》観音は素晴らしい、言うて一時間もジーッと見てはるんです。仕方ないからジーッと待ってたら、主人のお腹がクーッと鳴ったから、何か美味しいものでも食べさせてくれはるかしら思うたら、サッサと帰って来て。変わった人やなぁ、思いましたよ。何しろ糞真面目が服着てるようで、絶対に笑いませんでしたしね」

「自分でも何とかこの性格を直そうという気はあったんでね、訊《き》いたんです。その教えを勉強したら性格は直りますか、て。そしたら、直ると言われて」

物静かな語り口の藤本さんと明るい励子夫人。話の合間に、「なぁ、お父ちゃん、そうでしたな」と励子夫人が同意を求めると、藤本さんは静かに頷《うなず》く。

「良いご夫婦だなぁ」と私は心の中で讃嘆していた。

奈良県御所《ごせ》市は、橿原《かしはら》神宮から車で十五分ぐらいの所にあり、二百年も経つという家並みが続く静かな町である。その町の一角に、「ヤマト消災社」という看板を掲げた、新築間もない藤本さんの家があった。

「何でそんなに性格が暗かったんです?」と尋ねると、「もともと真面目だったのが、青年時代に読んだ本の影響と、それにシベリアでの辛い体験があって、余計そうなったんでしょうね」という答えが返って来た。

シベリアへ

藤本さんは大正十三年、御所で生まれ育った。中学を出ると、天理外国語学校のマレー語科に進む。そのころショーペンハウエルやニーチェの厭世《えんせい》哲学書を読んで共感し、中河与一の『天の夕顔』を愛読してプラトニック・ラブに大いに憧《あこが》れた。

昭和十九年、中国黒河省山神府の第一線部隊に入隊。二十年七月、牡丹江省石頭にある陸軍予備士官学校に移った。一ヵ月後の八月十三日、突然参戦してきたソ連軍と激戦となる。その辺りには在留邦人は二十万人いた。彼らを少しでも逃がそうとしたが、装備が殆どなく、戦友達は次々と倒れ、藤本さんは捕虜としてシベリアへ抑留される身となった。

移動して行く藤本さんの目の前を、孤児となった日本の子供達が裸足で「兵隊さん、助けて！　連れて行って！」と泣き叫びながら、中国人に手を引かれて行く姿を見て、どうする事も出来ない無念さに泣きながら、「国が敗れるというのはこんなに悲惨な事なのか」という思いが肺腑《はいふ》をえぐった。

過酷なシベリア抑留を体験したのち、生長の家に飛び込み、性格も運命も好転した藤本さん

二年間のシベリア抑留は想像を絶する悲惨さだった。油断をすればたちまち凍傷に罹《かか》る零下三十度、四十度という猛烈な寒さとの闘い。それに加えて、小さな黒パン一枚か、粥《かゆ》一膳という極めて乏しい食事と、厳しい労働。バーム鉄道建設のために、タイセットからブラーツクまでの三百キロを原始林を拓《き》り開いて道を造り、路盤を造るのだが、飢えと寒さで沢山の戦友が亡くなった。今まで隣で喋《しゃべ》っていた友が、気が付くと死んでいた事もしばしばだった。思うように掘れない凍土に同胞を葬るのは切なかった。

収容所の中では、身も心も荒んで人間性をなくしてしまったかのような人もあれば、そんな中でも自分を見失わず、毅然《きぜん》と生きる人もあった。

ある日、藤本さんが故郷の奈良を偲《しの》んで「倭《やまと》は　国のまほろば　たたなづく　青垣《あおかき》山隠《やまごも》れる　倭《やまと》しうるはし」と口ずさむと「その後にこの歌が続くんだよ」と「命の　全《また》けむ人は　畳薦《たたみこも》　平群《へぐり》の山の　熊白梼《くまかし》が葉を　髻華《うず》に挿《さ》せ　その子」と歌った人がいた。『古事記』にある国思《くにしの》びの歌で「もし無事に国に帰れたならば平群の丘の生命の木とされる樫の木の大きな葉を、髪に挿して長寿を祝おうよ」という意味の歌である。この歌を口にする度に今でも藤本さんの目には涙が滲《にじ》む。

昭和二十二年八月、栄養失調に罹り、帰還した。しかし、シベリアでの悲惨な体験と敗戦という事実の前にすべては吹き飛んで、ただ言い様のない空しさだけが残った。「色々な本も読み、学びもしたが、何の足しにもならなかった」という思いが腹の底から込み上げて、藤本さんの顔から笑いは消えていた。

光一元の世界へ

「一度は死ぬことも考えたんです。でもあるとき、死ぬ気になれば何でも出来る。もう一度人生をやり直そう、亡くなった戦友の分まで、一生縁の下の力持ちとして社会のお役に立ちたいと決意したら、やっと心が落ち着いたんです」

昭和二十四年に励子夫人と結婚し、実家の製罐工場でプレス工として働いた。その頃、近所に『生長の家』*という雑誌を勧める人がいた。が、まだ機が熟さなかったのか、その時は振り向こうとはしなかった。むしろ先に生長の家に入信したのは、「絶対笑わない」藤本さんに悩んでいた励子夫人の方だった。

「妻の読んでいた生長の家の本を私も次第に手にとるようになったんです。一番心ひかれたのは、『人間は神の子。悪本来なし。神の創《つく》られた世界のみが実在であって、善一《いち》元《げん》である』という生長の家の徹底した光明思想でした。それまでは性悪説に拠《よ》っていましたからショックでしたね。これだけの博識で絶対善を敢然《かんぜん》と説いている谷口雅春先生という人は凄《すご》いと思ったんです」

知識人達が臆面もなく左翼思想に転向して行く中で、戦前から一貫して天皇陛下の素晴らしさを説き続けられる谷口雅春先生の姿にも心打たれた。

「もう、この教えに無条件降伏しようと思ったんです。自分なりに頑張っても知れてるなと。そう思ったときに心がふっきれました。それに生長の家の人達が持つ明るさと、雰囲気の良さに引かれましてね。自分も幸せになれるんじゃないかと……」

話を聞き、本を読んで行くほどに「現象は心の影であって本来ない。人間はすでに初めから神の子である」という教えの素晴らしさがわかってきた。昭和三十七年、仕事も、この教えの伝道活動との両立を考えて、現在の消火器販売業に変えた。

「四人の子供達も本当によう家業を手伝ってくれました」

と励子夫人はしみじみ語る。教えの中で成長し、信仰を受け継いだ和子《かずこ》さん、麗《うらら》さん、円《まどか》さんの三姉妹は音大を出た。長男の豊丸《とよまる》さんは工学部を出た後、技術者の道に進んだ。今ではそれぞれ家庭を持って孫も九人となり、藤本夫妻を喜ばせている。

妻の命を救った夫の熱い祈り

励子夫人が心臓病で倒れたのは、昭和四十七年の事だった。日中、今にも心臓が飛び出すのではないかと思われるほどの発作が起きるようになった。

ある夜、励子夫人は激しい発作の後、唇が紫色になり、体は冷たく硬直し、恐怖のために震えがとまらなくなった。藤本さんは妻の手を握りながら、一晩中、繰り返し『甘露の法雨』を誦《あ》げ続け、祈り続けた。

明け方、藤本さんが実相軸*の前で神想観《しんそうかん》*を終え、目を開けると「實相」の文字がボーッと霞《かす》んだ。そして、生長の家本部*でみた彫像とそっくりの老翁《ろうおう》が現れた。「助かった！」という安堵《あんど》感が胸一杯に広がり、思わず「温かくなりました、有難うございます！」と夢中で唱えながら、藤本さんは妻の体を右手で摩《さす》り始めた。

「不思議な事に主人が摩ってくれたとたんに、波が寄せるように体がファーッと、何とも言えず温かくなったんです。ポカポカと体が温まって目を開けると、主人が泣きながら祈ってくれていました。私も感極《かんきわ》まってそこに正座して一緒に祈りました。それっきり、一度も医者に行かないまま治ったんです。だから主人は私の命の恩人なんです」

この事があってから、藤本さん一家の信仰は益々揺るぎないものになった。「何があっても平常心でいられる事が有難いんです」と藤本さんは言う。

撮影のため近くの遺跡に向かう車の中では、ガイド役として乗り合わせた御陵めぐりの仲間、清水巖さんと藤本さんの交わすジョークがおかしくて私達は笑いっぱなしだった。

畝傍《うねび》御陵の前にたたずんだとき、何とも言えず荘厳なたたずまいに圧倒されて私は思わず襟《えり》を正した。そのとき、国思《くにしの》びの歌に涙した藤本さんの心に、私ははっきりと触れた気がした。

「地味だけど温かくて光ってる人なんです」

励子夫人が心から言った。

奈良の空は青々と澄んで、爽やかな風が吹いていた。

(平成七年五月号　取材／小林陽子　撮影／中橋博文)

*『生長の家』＝生長の家から最初に発刊された月刊誌で、現在は『生長の家相愛会』などの、生長の家の会員向け機関誌となっている。

*実相軸＝谷口雅春先生が揮毫された「實相」という字の掛け軸。「實相」とは、神がつくられたままの完全円満な姿。

*神想観＝生長の家独得の座禅的瞑想法。谷口清超著『神想観はすばらしい』、谷口雅春著『詳説　神想観』(日本教文社刊)参照。

*生長の家本部＝生長の家の布教、伝道の中央拠点。(〒一五〇—八六七二　東京都渋谷区神宮前一—二三—三〇　電話〇三—三四〇一—〇一三一　FAX〇三—三四〇一—三五九六)

18年間の労働闘争から転向、「大調和の教え」に生きる

兵庫県　製造業　井上《いのうえ》　淏《きよし》さん（69歳）

三十九年間勤務した旧国鉄の労働組合で、リーダーとして活躍した井上さんは、組合の分裂で深刻な人間不信に陥った。そんななか、義母の勧めで生長の家の練成会に参加、日本の素晴らしさに目覚め、「闘争」から「感謝」の生活へと転向した。そして独り、「闘争では世界は変わらない。まず自分の心を変えよう」と仲間を説得して歩き始めた……。

「私は中途半端が大嫌いなので、労働運動も十八年間、とことんやりました。しかし自分の間違いに気づいてからは、仲間に謝罪し、自分の気持ちを説得して歩いたんです。あの一年半のことは忘れようにも忘れられません」

当時の辛い思い出が蘇《よみがえ》るのか、突然、井上さんの声がかすれた。

昭和七年、兵庫県の農家に生まれた井上さんは、昭和二十二年、尋常高等小学校を卒業して旧国鉄に入り、姫路駅に配属された。十五歳だった。もう一年学べば新制中学卒業の資格が得られたが、戦後の混乱期で、迷わず職場を選んだ。

はじめは便所掃除などの雑役だった。やがて貨車の切り替え作業に従事するようになった。走り出した貨車に飛び乗り、ブレーキを掛けながら向きを決めて行くこの作業は、危険を伴い、足を切断するなどの怪我《けが》人が絶えなかった。井上さん自身、貨車から振り落とされ、頭を強打して大怪我を負ったことがある。

それでも小柄な井上さんはきびきびと働いた。だが職場では、いくつかの派閥がつくられていて昇級試験は形骸化し、派閥人事が横行していた。井上さんは職場のそうした人事の在り方や、労働環境の悪さに疑問と憤りを抱いた。

昭和二十四年、レッドパージの影響で姫路駅でも二千人の職員のうち八百人が解雇された。さらにその年から国鉄など三公社五現業には、満十八歳以上でなければ就職できなくなり、まだ十七歳だった井上さんは、朝出勤すると、制服をそこに脱いで帰るように言われた。突然の解雇だった。

「俺達は人間扱いされないのか」

と憤りを覚えた。

ところがその五日後、職場の上司が訪ねてきて、「定員が足りなくなったから戻ってほしい」と頼まれた。井上さんは職場に復帰、独身寮に入った。

法律を学び、理論武装をする

この出来事をきっかけに、井上さんは国労に入り、労働運動を通して職場を改善しようと決心した。国労の幹部からは、「団結し、統一して戦い取れ！」と檄《げき》を飛ばされた。そして、「賃金でも労働条件でも、すべて戦い取ることでしか得られないのだ」と叩《たた》き込まれ、「同一労働、同一賃金」ということが繰り返し説かれた。

「当時は、『ソ連や東ドイツでは、労働者が自分の勤務状態を自己判断して自分で賃金を決めている』とまことしやかに言われ、『素晴らしいなあ』と感動していました」

ＪＲ播但線福崎駅近くの踏み切りに立つ井上さん。39年間の思い出は尽きない

こうして三年が過ぎた頃、井上さんは寮の近くに住む神戸大学の教授から法律を学び、理論武装をするようになった。職場は二十四時間態勢なので、週に二回の非番の日に二時間ずつ教授の家に通って、主に労働基準法を学んだ。「労働者は、法律でこんなに守られているのか」と意を強くした。授業料は三ヵ月で一万円と高額だったが、「法律を学ぶから」と父に援助してもらった。

しだいに「法律を武器に当局と堂々と戦える数少ない国労の一員」として、井上さんは当局からも国労の幹部からも一目置かれる存在となり、二十歳で国労姫路駅の青年部の部長となる。やがて、「どうせやるからには中央へ出て思い切り活動したい」と思うようになった井上さんは、当時国労の実権を握っていた共産党に入党。大阪管理局の国労青年部中央委員となり、組合の専従員となって活躍し始めた。

三井三池闘争で人間不信に

共産党員になると、政治資金として強制的に給与の一割が徴収されるようになった。国労の専従員となった井上さんは、組合費から給与が出ていたが、昇給もなく生活は苦しくなった。当局からは停職処分を受けることもあったが、全国の労働争議を応援して歩いた。

そんな中、昭和三十四年に福岡県の三井鉱山で労働組合員千二百七十八名の指名解雇通告が出され、三井三池闘争へと発展。労組は闘争第一の第一組合と、企業よりの第二組合に分裂し、泥沼化して行った。井上さんも応援のため大牟田の炭鉱街に行き、一ヵ月寝泊りして活動した。ところが、粗食のため栄養失調に陥り、実家に帰って養生しつつ、姫路駅に通っていた。

昭和三十六年、二十九歳の井上さんに一つの転機が訪れた。毎朝の通勤列車の中で、当時十九歳だった夫人の満子さん（59）を見初め、結婚を申し込んだ。だが、父親はともかく母親の高尾マサノさん（84）から、二人の思想の違いや、十歳という年齢差を心配して反対された。マサノさんは熱心な生長の家の信徒だった。

「満子さんと結婚するためには、マサノさんに気に入られるしかない」と決心した井上さんは、マサノさんの勧める生長の家の講演会に付き合うようになった。その努力が報われて、昭和三十七年に結婚を許された。

生長の家の講演会では、「人間は神の子で、無限の可能性がある」「自分の心を変えることで環境を変えることができる」といった講話を聞いた。しかし井上さんにとってそれは「余りにも馬鹿げた話」に思われて信じる気になれず、「これが宗教の限界だろう」と感じた。

結婚の二年前の昭和三十五年、社会党が分裂して民社党が誕生していた。国労は分裂し、泥沼状態になっていた。井上さんは結婚後、国労の専従を辞めていたが、仲間が企業寄りの第二組合へと脱退して行くたびに憎しみを覚え、人間不信に陥るようになった。

日本の素晴らしさに目覚める

結婚後は三人の子供に恵まれ、非番の日には子供と遊ぶことで気がまぎれた。だが、しだいに職場の人間関係に疲れ果てて苛立《いらだ》ち、声を荒げて満子さんに当たるようになった。心配したマサノさんに勧められ、井上さんは昭和四十二年七月、生長の家宇治別格本山の練成会*に初めて参加した。

練成会三日目の午前、藤原敏之講師（故人）から、『古事記』をもとに日本国の素晴らしさとその使命についての講話を聞いた。「日本は建国以来、常に世界の平和と国民の幸せを祈られる天皇を中心に戴《いただ》いた国」であり、「東洋と西洋の文化の融和を計り、世界中の人々と仲良く手を繋《つな》ぎ、日の丸に象徴されるような大調和の世界をもたらす使命が日本にはある」という話だった。

それまで天皇に対しては反撥《はんぱつ》しか覚えなかった井上さんにとって、生まれて初めて聞く話だった。イデオロギーを超え、魂の奥底からの感動に全身が震えた。

「俺は日本人だったんだ！」

という想いが、心のなか一杯に広がった。

その日の午後、島崎忠雄講師（故人）に個人指導を受けた。島崎講師は、「君は共産党員か。なかなか頭が良いんだね」と微笑みながら、「よし、お互い腹を割って話そう」と二時間近く、生長の家の教えについて諄々《じゅんじゅん》と話してくれた。井上さんはそこで初めて、生長の家の説いている「人間・神の子、無限力」の意味——人間の本当のすがたは、すべてのものがすでに与えられずみの完全円満な霊的存在であるということを知った。

「闘争によっては平和は来《き》たらない、唯物論では人間は絶対に幸せになれないのだと解りました」

闘争に明け暮れ、マルクスレーニン主義という閉ざされた世界にいたそれまでの自分を客観的に見つめ、これからは間違いを正していくことが自分の使命だと強く感じた。島崎講師からは、名刺の裏に「我以外みな我が師」と書いて手渡され、「君、これからが苦しいよ。この言葉を君の一生の言葉だと思って頑張りなさいよ」と励ましをうけた。

それから一年半、井上さんは来る日も来る日も、それまで活動を共にした仲間や職場の同僚の輪の中に入り、「闘争からは平和も幸せも来ない。十八年間闘争をやってきて何が残ったと思う？　肉体的疲労と、経済的負担だけだった。人間は自分の心を変えることで幸せになれるんだ。そのことを僕は生長の家で学んだ」と訴えて回った。「騙《だま》された」「卑怯《ひきよう》者」と相手から罵《ののし》られることもあったが、中には「うちも生長の家や。頑張りや」と励ましてくれる人もいた。

宇治別格本山の短期練成会にはその後も時間が許す限り参加して、教えを学んだ。こうして月日が経つうち、職場で井上さんが通りかかると、「よう、生長の家！」と明るく冷やかされるようになった。

「あれだけ人間関係で悩んだ私が、今度は逆にみんなから憎まれる立場になり、冷たい視線の中で説得して歩く。これも自分の責任やと思いながらも、厳しい非難を受けて辛かった。一年半経ってやっと心の平安を得ましたが、問題は共産党を離党することでした」

離党を申し出てからは凄《すさ》まじい吊《つ》るし上げにあった。一日七時間、飲まず食わずで、入れ替り立ち替わり詰問され、非難された。だが井上さんは現実に労働者の平等など実現していないことを組織の実情を挙げながら反論した。「労働貴族もいれば、辞めることも許されず、赤旗を配り続ける人もいるではないか」と。挫《くじ》けることなく信念を貫き、誓約書に捺印して昭和四十五年十二月に離党し、翌年一切の労働運動から手を引いた。

井上さんは現在、市川町のゴルフクラブ製造会社に勤務。有名人などのオリジナルのゴルフクラブを作りながら、地元の生長の家相愛会*の会長として活躍している。副会長の元田槌雄さんは国労の仲間という。何事も中途半端が嫌いな井上さんは、その後も多くの人を教えに導いた。

生長の家の教えに触れて、井上さんは、毎朝柱に掴《つか》まってやっと起き上がっていたほどの低血圧の苦しみからも救われた。「心を変えることによって病が消える」ということを身をもって体験した。

「戦い取る世界から、すべてが与えられている世界に来たら、ほんまに心が楽やね」

実感のこもった言葉だった。


(平成十三年七月号　取材／小林陽子　撮影／中橋博文)

＊練成会＝合宿形式で生長の家の教えを学び、実践するつどい。全国各地で毎月行われている。お問い合わせ先は、巻末の「生長の家練成会案内」「生長の家教化部一覧」を参照。
＊生長の家相愛会＝生長の家の男性のための組織。全国津々浦々で集会が持たれている。

社会を良くするために働きたい
——過激派だった時には見えなかった国への愛

群馬県　コンビニエンスストア経営　大矢《おおや》光利《みつとし》さん（47歳）

学生時代は国家体制の打倒を目指す、過激派の活動家だった大矢さんは、郷里に帰ったが、うまくいかないことが多かった。そんなとき、生長の家にふれて、運命が大きく転換。両親や先祖に感謝するとともに、国への愛に目覚めた。

群馬県西部の赤堀町周辺に三軒のコンビニエンスストアを経営している大矢光利さんは、同町の商工会会長をつとめ、その上、生長の家相愛会群馬教区連合会会長もしている。笑顔とバイタリティーいっぱいで、「多くの人のためにお役に立ち、国や地域に貢献したい」と語る大矢さんだが、かつては過激派学生として火炎ビンを投げたこともあった。

「少しでも社会を良くしたいと、あの頃も思っていたのですが、全然間違った方向で、社会に迷惑をかけていた。あの頃は、日本の国家体制を倒せば、世界中で革命が起きて、良い世界が作れる。その目的のためには手段を選ばないと考えていました」

大矢さんは、微苦笑を見せながら二十数年前の自分の姿を思い起こす。

高校卒業後、一浪し、昭和四十五年に仙台市にある東北大学に入学、学生寮に入った。ところが、その寮は過激派の拠点だった。当時は、七〇年安保闘争が終わり、左翼の学生運動は分裂と警察当局の厳しい取締りで衰退期に入っていた。が、それだけに成田空港反対闘争などは、より過激になっていた。

「寮の委員になって、そんな考えになってしまった。デモがあればヘルメットをかぶって街頭に出ました」

二年生のはじめには、教養部のストライキ実行委員長として、無期限ストライキの責任者となった。また、違法街頭デモを先導し、二度逮捕されたが、「いずれも三日ほど警察に泊められて釈放された」。

成田闘争のピークのひとつとなった昭和四十六年九月の警察官四人が殺害された衝突

妻の美代さんと店の前に立つ大矢さん。地域と国のために働いているという思いが周囲に伝わってくる

事件では、「少しタイミングがずれたら、私も現場にいたかも知れません。事件の時、私たちも成田に向かっている時でしたから」と語る。

こうした生活を続けていた大矢さんだったが、一年ほどたつとイヤになってきた。過激派セクト同士の鉄パイプを振るっての抗争が激しくなって、友人が襲われたりするようになったのだ。

「他派の批判と、やられた、やっつけたという殺伐《さつばつ》とした話ばかり。いつ襲われるか分からず、学内も、町中もまともに歩けなくなりました」

しかしこの時、大矢さんは今は妻となっている美代さん（47歳）と交際し、美代さんの胎内に子供ができたことがきっかけで、大学を中退し、赤堀町の家に帰ることになった。

「留年して、大学三年目の二年生。このままでは卒業できる見込みもありませんでした。それに、双方の両親から、二人が群馬の家に住むことが結婚を許す条件と言われたのです」

ともあれ、過激派活動を抜けて、結婚。父親・清二さん（74歳）の経営する酒店を手伝うようになった。が、商売なんて簡単と高をくくっていたのに失敗が続いた。

「いろいろ考えて、様々な提案をしましたが、結局はみんな裏目で、家族はぎくしゃく。平成二年に酒屋からコンビニに変えた時も、翌年に近くにライバル店ができると売上は激減しました」

国と社会に感謝

平成三年十月、中学二年の次女・美絵さんがクラブ活動で、首の骨がずれるケガをし、激しい頭痛と吐き気に悩まされた。「手術しても治る保証はない」と言われた。

「そんな時、妻は実家から送られていた生長の家の月刊誌『白鳩』*を読みました。妻は『ひょっとしたら、これで治るかもしれない』と生長の家教化部*に連絡。翌年六月に娘と妻の二人で練成会にも参加しました」

練成会に参加して、具合が良くなった美絵さんは学校に通えるようになり、完治。八カ月のブランクを克服する猛勉強で、高校に合格し、さらにイギリスにも留学……。

そういう姿を目の当たりにしていた大矢さんも、生長の家に興味を持ち、『生命の實相』を読み始め、集まりにも参加するようになった。

そんな集まりで聞いた、あるホテルの、水一杯飲んだだけで帰ったお年寄りにも「ありがとうございます」と頭を下げる接客の心に、大矢さんは感動した。

「自分は売上などの結果だけを求めていた。過程が、心が、大切なんであって、結果は自《おの》ずからついてくる。そこが分かっていなかった」

やがて、低迷していた業績も向上し、家庭生活も楽しくなり、商工会会長などの立場で、社会のお役にも立てるようになってきた。

「これまでは、戦前のものはみな戦争につながるから、親の世代のやってきたことを否定し、世界につぐないをすべきだと思っていました。しかし生長の家で、昭和天皇が終戦後、マッカーサー連合国軍総司令官と会見され、『国民を救って欲しい』とおっしゃった話などを、初めて知り、国や社会、さらに親や先祖に対する感謝の思いがわいてきました。そして、この感謝の気持ちが、仕事や家庭など人生のあらゆる成功につながることも実際に体験できました」

「今、商工業者は自由化と不況の風にさらされています。私も生長の家にふれていなければ、自由化反対を叫んでいたでしょうが、それでは新たな発展は阻害されてしまいます。一時的に大変な思いをしても、各人が自由に工夫をし、努力をすることで豊かな町にしていかなければ……」

——大矢さんの国と郷土に対する思いは限りなく、その行動も多岐に渡っている。

「先日、県内で植樹祭があり、天皇皇后両陛下がお出でになりました。私も商工会長として招待されました。植林の大切さを訴えられた陛下のお話は素晴らしいものでした。また、両陛下はお帰りになる時、車に乗られるまで一人一人と親しく、丁寧に心をこめてお話しされているんです。私は、お年寄りと話されている両陛下の姿に感動して、涙がとまらなくなりました。こういう方が中心におられるから日本が発展してこれたんだと感じ、うれしかったですね」

（平成十年八月号　取材／田原康邦　撮影／廣中雅昭）

*『白鳩』＝生長の家の女性向けの月刊誌。
*教化部＝生長の家の布教、伝道の拠点。巻末の「生長の家教化部一覧」を参照。

沖縄から渡米。35年のアメリカ生活で見つけた「大和魂」

沖縄県　学習塾経営　末吉初雄《すえよしはつお》さん（57歳）

父親を沖縄戦で亡くし、十八歳でハワイへ渡った末吉初雄さんは、その後、ロサンゼルスで航空機会社に勤務した。三十五年間、アメリカで暮らしたが、いつも「自分は何者か」という疑問があった。そしてある日、事件に巻き込まれた……。

スコールのような雨が上がり、雲間に太陽の光が広がった。沖縄県南部にある平和祈念公園に車で向かう途中に、ガジュマルの樹に囲まれた「魂魄《こんぱく》の碑」がある。ここには、沖縄戦の戦没者約三万五千人の遺骨が祀られている。五年前、アメリカから帰国した末吉初雄さんは、まず、この碑の前で合掌し、祈りを捧げたという。

「父は、海に近いこの辺りで戦死したようです。私が二歳のときでした」

末吉さんが沖縄県名護市に生まれたのは昭和十八年。戦禍で父親を失った後は、母親の実家がある糸満市に身を寄せた。中学生の頃、母親のトミさんに連れられて、初めて生長の家の誌友会に行った。そこで、「人間は神の子、心次第で運命も環境も変わる」という話を聞いた。

「聞きながらね、『自分はどう生きようか』と考えましたね……」

「何が正しいのか」

戦後二十七年の間、沖縄は米軍の占領統治下に置かれた。学校教育では、日教組による平和教育の影響が濃く、「日本は戦争をはじめた悪い国」と教えられたが、末吉少年はそんな風潮になじめず、「父は無駄死だったのか」と疑問と反発を抱き続けた。

一九五〇年に朝鮮戦争が、六〇年代にはベトナム戦争がはじまり、沖縄の米軍基地は重要な役割を担わされる。基地問題をめぐって共産党が躍進するいっぽうで、「祖国復帰」を願う県民運動も活発になり、沖縄は騒然としていた。

いったい何が正しいのか、もっと広い世界を見て、自分の道をみつめたい――そんな思いで、米国留学を決めたのは十八歳のとき。再婚していた母に決意を打ち明けると、「自分の人生、好きなようにやったらいいよ」と言ってくれた。

戦前からハワイに移民していた叔母夫婦を頼って、ホノルルの語学学校に留学。英語を一年間勉強した後、ホノルル・コミュニティ・カレッジの機械科に進んだ。その頃から、ホノルル郊外に生長の家ハワイ綜轄教化部があるのを知り、日曜のたびに講演を聞きに行くようになった。

二十歳になったある日。教化部で、『我ら日本人として』*という本を買い、アパートに帰って読み始めた。そこには、こう説かれていた。

《大東亜《だいとうあ》戦争が真に聖戦であったとか、神がはじめた戦争であったとか本当に正しい戦争であったとかいうことは生長の家の教《おしえ》には書いてないのであります。(中略)「……神が戦いをさせているのではない。迷いと迷いと相搏《あいう》って自壊するのだ」とハッキリ示されているのであります》(150～151ページ)

《国の本質も結局、それは「理念」であります。その「理念」が形としてあらわれたのが現象の日本国であります。たとい日本国の現象の姿が敗戦によって一時的に砕《くだ》けまし

沖縄・糸満市の魚市場を散策する末吉初雄さんと妻の広美さん

ても、日本の本質は砕けない永遠の理念であるから値打《ねうち》があるのであります》(212ページ)

読みながら、涙が溢れた。やがて嗚咽《おえつ》にかわった。

「やっぱり日本は悪い国ではない。自分は日本人としての誇りを持って生きていける。国のために生命を捧げた父は、平和の礎《いしずえ》となったのだ」

ホノルルの青空にむかって、そう叫び声を上げたくなるほどの感動だった。

人種の坩堝《るつぼ》、ロサンゼルスへ

「新天地で、人生を切り開こう」

大学卒業後は、ロサンゼルスに移って、仕事を探すことにした。はじめは小さな自動車工場で働き、エンジニアとしての腕をみがいた。三十歳になる頃には、知識と経験をかわれて、航空機製造会社のロックウェル社に就職することができた。

航空機工場では、白人や黒人、アジア人などの仲間と一緒に働いた。昼休みには、みんなでランチを食べながら仲良く談笑した。ところが工場に戻って仕事となると、小さなトラブルがしばしば起こった。白人の職員が自分の所にやってきて、黒人の悪口を言う。そうかと思えば、黒人の知り合いが来て白人を罵《ののし》った。

工場には、〈人種差別は罰金〉という張り紙があり、表面上はみな仲良くしていても、実際には差別がなくなっていない。そんな現実を目の当たりにし、「人間は神の子、人類はみな生命の兄弟姉妹」という生長の家の教えを仕事場でも実践して自分自身が周囲の手本にならなければと思うようになった。

カリフォルニア州は「人種のサラダボール」といわれ、中国、韓国、ベトナムや中南米からの移民も多い。下町では、強盗や車泥棒が頻繁に起こり、麻薬がらみのケンカや銃の発砲騒ぎもあった。光と影のくっきりした国──それがアメリカだった。誰にでもフレンドリーで、初対面でもすぐ仲良くなれる。自分の主張や考え方をもつ人間を評価してくれる。そんなアメリカは好きだった。だが、「何をするのも自由」である反面、「自らの判断と責任で生きろ」という厳しさも要求される国だった。

週末になると、仕事仲間の家でよくパーティが開かれた。世間話の合間によく、

「日本人はどんな宗教をもっているのか。君は何を信じているんだい」

「ヤマトダマシイとは何だ」

という話題が出た。

(自分は何者であるか)

そう、いつも自分に問われている気がした。その答えを求めて、『生命の實相』などの生長の家の本を熱心に読むようになり、ロサンゼルス郊外のガーデナにある生長の家北米伝道本部*の会館に足繁く通って、講演会や誌友会にも参加するようになった。

三十歳を過ぎてからは、「神の子は無限力」の教えを実践して、空手道場に通いはじめ、ロサンゼルスの市民マラソンにも毎年出場した。

大柄なアメリカ人と比べると、日本人は見劣りする。対等に付き合うには、「武道で体力と人格を磨くしかない」との思いがあった。また、何でも目に見える形にしないと納得しないアメリカ人に、日本の文化を説明するきっかけになればとも思った。

北米伝道本部の一室では、詩吟教室が開催されていたので、毎週稽古に通った。やがて、北米生長の家青年会の活動にも熱心に参加し、三十五歳のときに南カリフォルニア教区の青年会会長を拝命した。

ある事件に遭遇したのは、その頃だった。

ホールド・アップ

十二月の日曜日。青年会の行事を終えて車で帰宅の途につき、夜遅くアパートの駐車場に車を止めた。ドアを開けた瞬間、頭に銃を突きつけられ、後ろから羽交《はが》い絞《じ》めにあって身動きできなくなった。

（あっ、ホールド・アップだ！）

そう思うと、頭の中が真っ白になった。膝がガタガタ震え、得意の空手で自衛する余裕もなくなった。二人組の強盗の一人が、何か呟《つぶや》いたようだが、よく覚えていない。このとき一瞬、目をつぶると、ある言葉がうかんだ。

（人間は神の子、本来悪人はいない。神の子は、誰も害しない）

そう思ったとき、膝の震えがピタリと止まった。

「何か欲しいものがあるんなら、何でもあげるよ」

落ち着いて相手に語りかけ、財布を渡すと、二人組はスッと姿を消した。

翌日、数ブロックはなれた場所で、強盗に襲われた死体が見つかった。自分を襲った同じ犯人の仕業《しわざ》かどうかは不明だったが、冷や汗がでた。

そして、「神の子に不都合はない」という教えを学びながら、なぜこんな目に遭ったのかとわが身を顧みた。その頃、職場の上司と意見が合わず、敵対する心を持っていたことに気づき、「心の世界では〈類は類を呼ぶ〉、他を害する心は自分にはね返ってくる」ことを思い出して、すぐさま神想観をし感謝の祈りをした。

すると、数日後には上司と和解することができ、「君の言い分も理解できる」と言われ、翌月から給料も上がるという、オマケも付いた。

本来の大和魂とは

この事件を契機に、悟ったことがある。

拳銃を持った強盗は、空手でも防ぎきれないかもしれない。けれども、「武」とは「戈《ほこ》」(刀や戦の意)を「止める」と書くではないか。争いの心を起こさせないことが、武道本来の精神だ。無理にあのとき争っていれば、自分は命を失くしていたに違いない。

「大和魂とは、たんに勇敢なことをさすのではなく、本来は戦わずして全てをまるく収める、〝大調和〟の精神だった。日本の国の理念は、まさに神武建国以来のこの精神に由来するものなのだ」

その後も、稽古に精進して空手三段の腕前となり、詩吟にも励み、人に教える資格の「範士」まで取った。

ホームパーティや日本紹介のイベントなどで、和服を着て詩吟を詠じ、空手を演武することもあった。そんなとき、満面に笑みをうかべ、こう語った。

「古くから伝わる日本のこころ、大和魂とは、『大調和の心』のことです。それは、天地一切のものと和解し、感謝することなのです」

青年会活動で知り合った広美さんと、八四年に結婚。夫婦揃って、生長の家の英文月刊誌『TRUTH OF LIFE』を周囲の家々に配り歩いた。

そしてアメリカの友人たちに、

「すべての正しい宗教の根本はひとつ。宗教や民族の対立を超えて、お互いを認め合うところに平和が実現します。仲良く暮らしましょう」
と語り、相手を祝福して世界平和の祈りを行ない、隣人への愛を実践する生活を続けた。

渡米生活は三十五年に及んだが、年老いた母親のトミさん（81）に孝行したいと糸満市に戻ってきた。現在は、公民館で英語塾を開き、小学生や社会人を対象に得意の英会話を教えている。インターネットで国際交流が盛んになった時代の子どもたちに、自らの体験をまじえて、こう話している。

「国際人になるために、英語は必要な道具。けれど、国籍不明の人になってはいけないよ。外国人とコミュニケートするには、日本文化や沖縄の伝統をしっかり学んで、自分の国に誇りを持つこと。これがいちばん大事なんだ」

（平成十三年四月号　取材／亀崎昌義　撮影／田中誠一）

＊『我ら日本人として』＝谷口雅春著、日本教文社刊、現在品切れ中。
＊生長の家北米伝道本部＝アメリカにおける生長の家の伝道の拠点。

ソ連兵を叱りつけた母の誇り

青森県　生長の家相愛会青森教区連合会事務局長　熊谷《くまがい》　寿《ひさし》さん（64歳）

戦争に敗れたからといって、日本人としての誇りまで失ったわけではない――。あのとき母が身をもって教えてくれたから、いまの自分がある。

青森駅前で空港行きのバスを待っている間、停留所の行き先にロシア語の表記があることに気付いた。青森とロシア……。違和感がなかったのは、熊谷さんの話を聞いた後だったからだろう。

熊谷さんが生まれたサハリンは、北海道の稚内《わっかない》から、宗谷《そうや》海峡をはさんで、わずか四十三キロしか離れていない。南北に細長いこの島は、かつて樺太《からふと》とも呼ばれ、日本が統治していた時期がある。

一九〇五年、日露戦争の結果、南半分（北緯五〇度以南）が日本領となり、樺太庁が置かれて開発が進められた。漁業をはじめ、林業、製紙業、石炭採掘などの産業が栄え、多いときには四十万を超える日本人が暮らしていたという。しかし、第二次世界大戦後、当時のソビエト連邦に占領され、一九五一（昭和二六）年のサンフランシスコ条約によって、日本は島の主権を失う。

昭和九年、熊谷さんは樺太有数の町、泊居《とまりおる》で生まれた。五人きょうだいの長男で、両親はともに青森県の出身。父親の英俊《ひでとし》さんは若い頃、姉の住む樺太に渡り、鉄道省職員となった。母親のマルさんは幼くして母を亡くし、祖母と父と三人、親戚を頼って樺太に来た。

熊谷さんが小学校に入学したとき、英俊さんの転勤で小岬《こみさき》という地方の町に移る。やがて戦争が勃発。英俊さんが徴兵されてしばらくして、マルさんは知人の経営する日用品の販売店を引き継いだ。その後、季節労働者を雇ってニシン漁を始め、さらに薪《まき》の伐採など事業を展開、いずれも成功を収めた。泊居では鉄道の官舎に住んだが、小岬では元旅館を買取り店舗を兼ねた自宅とした。家は、お手伝いさんを雇うほど広かった。

「負けず嫌いの母で、厳しかった。人間何でもやればできるんだ、という信念を持って

日本人としての誇りを教えてくれた母親のマルさんと共に

いて、勉強でも手伝いでも怠《なま》けると、叱《しか》られました」

そんな気丈な母親が一度だけ涙を見せたことがある。昭和二十年、八月十五日正午の玉音放送《ぎょくおん》――。母親から日本が戦争に敗れたと聞かされ、熊谷さんは呆然《ぼうぜん》となった。当時小学六年生。学校では級長を務め、よくクラス全員で神社に参拝して必勝祈願をしたものだった。

「小岬は一度も空襲を受けたことがなかったし、戦禍《せんか》にさらされなかった分、敗戦が実感として湧《わ》いてこなかったんです」

だが、まもなくソ連兵が進駐してきた。

あこがれの国、日本へ

いまも鮮烈に残っている光景がある。ある日、ソ連将校が部下を連れて自宅にやって来た。家宅捜索だったのだろう。腰に拳銃をぶら下げ、凄《すご》みをきかせたその将校は、玄関に出迎えた母親を一瞥《いちべつ》すると、土足で上がり込んできた。と、そのとき母親は近くにあった薪《まき》ストーブの火掻《ひか》き棒を掴《つか》むと、ものすごい剣幕で怒鳴った。

「靴を脱ぎなさい！」

肝《きも》を冷やしたのは、熊谷さんのほうだった。軍人に刃向《はむ》かえば、捕まって当然、運が悪ければ、即刻銃殺である。だが、将校は慌《あわ》てて両手を上げると、降参といったそぶりを見せ、おとなしく靴を脱ぎ始めた。母親の毅然《きぜん》とした態度に、熊谷さんは、戦争に敗れても、卑屈《ひくつ》になることはないのだと思った。

「日本は小さい国だから、大きい国に武力で負けたのは仕方ない。でも、日本は天皇陛下がおられる、すばらしい国であることに変わりはないと、母はよく言っていました」

しかし、〝敗戦〟は個人の気持ちとは関係なく、生活を脅《おびや》かした。財産没収で、身欠きニシンなどを貯えていた倉庫は立ち入り禁止となり、薪の運搬手段である貨車も差し押さえられた。熊谷さんの家では、畑で採れる野菜や穀物があったので、食べ物にさほど不自由はしなかったが、ソ連が作った国営農場に働きに出て食券をもらわなければ、市場で食糧を購入することはできなかった。

「初めて黒パンも食べましたよ。二年間、共産主義社会を見て、なんて不自由で窮屈なんだろうと思いました。ロシア人の中には字が読めなかったり、計算ができない人も多くて、教育水準は日本のほうが高いことも感じました」

昭和二十二年の暮れ、熊谷さんが中学二年生のとき、一家は復員した父親とともに青森に引き揚げる。住み慣れた土地を離れるのは辛《つら》かったが、熊谷さんにとって日本はあこがれの国だった。そこには天皇陛下を敬う誇り高い国民が暮らしている……。だが、熊谷さんの期待は裏切られた。

中心帰一の精神

日本は敗戦のショックに打ちのめされていた。誰もが貧しくて食べていくのが精いっぱい。熊谷さん一家も例外ではなかった。戦後の混乱のなか、天皇陛下を「戦犯」「税金泥棒」呼ばわりする声も聞こえてきた。

昭和二十七年に高校を卒業し、商事会社に勤める頃になると、社会の風潮は左翼思想に傾き、周りから運動に加わらないかと誘われたりもしたが、熊谷さんは耳を貸さなかった。樺太での体験から、共産主義で理想国家を築けるはずがないと思っていたからだった。

「誰か一人ぐらい天皇陛下はすばらしいと言ってくれる人はいないのかと、ずっと思っていたんです」

探し求めていた人が見つかったのは、昭和三十二年になってからだった。仕事で付き合いのあった弁護士の奥さんから、「あなた、まだ若いのに人生に失望したような顔をして……」と、生長の家の月刊誌を手渡された。ぱらぱらめくると、「神」とか「仏」とかいう言葉が目に入り、途端に読む気が失せてしまった。しばらくして、『限りなく日本を愛す*』という本を勧められた。今度はタイトルにひかれて、真面目に読んだ。

「私は『日本』を限りなく愛します。日本の現実の状態ではありません。『日本』なるものの本質を愛するのです」(183ページ)

正々堂々と日本のすばらしさを説く著者の姿勢に、何度も胸が熱くなった。古事記に日本民族の本質を見出し、日本国の理念、日本人の使命を明確にしている点は、とくに新鮮な感動をおぼえた。日本を愛する気持ちは、生長の家の説く真理に裏付けられ、さらに強まった。

「日本民族の精神とは〝中心帰一〟なんですね。国民として天皇陛下に中心帰一するのが、日本人の本来あるべき姿である、と教えられ、私たちは他国のイデオロギーに左右されることなく、早く本来の日本人に戻るべきだと思いました」

熊谷さんは、日本再建に燃え、生長の家の活動に積極的に取り組む。青年会*では青森教区の委員長も務めた。その後、相愛会に移り、平成元年に会社を定年退職した後、生長の家相愛会青森教区連合会に勤務して、副会長および事務局長として忙しい毎日を送っている。

樺太に思いを馳《は》せたせいか、「私も年を取りました」と熊谷さんは感慨深げに笑う。しかし、国を愛する気持ちは今も変わらない。そのルーツには、やはりソ連兵を叱りつけた母親の姿がある。そのマルさんは現在八十五歳。八十九歳になる父親の英俊さんと共に元気だ。当時の事は、いまもはっきり憶えているという。

「向こうは占領したつもりでいるから、土足で上がってきたのかもしれないけど、こっちは終戦になっても、まだ負けた気持ちがなかったからね」

日本に引き揚げる前、一ヵ月半もの間、収容所生活を強いられたこと、そのとき金品はすべて巻き上げられ、それでも母の形見の指輪だけは隠し持って帰ってきたこと……

戦争にまつわる思い出は忘れたくても忘れることができない。だが、マルさんは日本人としての誇りを失わなかった。それだけに、未成年の凶悪犯罪が多発している現在の日本を見ていると、悲しい気持ちになる。

「日本人としての誇りはどこにいってしまったんでしょうね。あの頃は戦争で悲惨な時代だったかもしれないけど、社会の秩序だけは守られていました。いまの日本は情けない」

国際化が叫ばれる現代、地球規模で平和運動が展開されるのは喜ばしいことだが、「自分の国を愛せずして、世界平和はありえない」と、熊谷さんは断言する。国を愛するがゆえの、二人の厳しい言葉が胸に響く。

樺太を離れたあの日から五十年、熊谷さんもマルさんも、その地をまだ一度も訪れていない。

（平成十年八月号　取材／萩原英彦　撮影／遠藤昭彦）

＊『限りなく日本を愛す』＝谷口雅春著、日本教文社刊。
＊青年会＝生長の家の青年男女を対象とし、生長の家の真理を学び実践する会。

病をおしての単独行も。ガダルカナル遺骨収集に託した祈りの15年

千葉県　小売業　勝股治郎《かつまたじろう》さん（71歳）

南太平洋・ソロモン諸島の東南部に浮かぶ、ガダルカナル島。ここは大東亜戦争の際、日本軍の要衝となり、昭和十七年八月から米軍との間で文字通りの死闘が繰り広げられた激戦の地。日本軍は約三万三千人の将兵を投入し、必死の抵抗を試みた。が、戦死者二万二千余りを数え、翌年二月に撤退。戦死した将兵の亡骸《なきがら》が南の島のジャングルに残された。その遺骨収集を、十五年間つづけてきた人がいる。千葉県八日市場市で酒店を営む勝股治郎さん、七十一歳。ガダルカナル島での激戦の体験者である。

十五年間にわたる遺骨収集。いかにも執念という言葉を想い浮かべる。が、当の勝股

さんは、テーブルの向こうから柔和な笑顔で、「毎回、これでおしまい、という気持ちで帰ってくるんですが、そうしているうちに十五年経《た》っていたということなんですね」と、むしろ淡々とした口調で語りかけてくる。

勝股さんが遺骨収集を始めるには、しかし人知れぬ心の軌跡があった。

ガダルカナルの死線をくぐった勝股さんは、ベトナムで終戦を迎え、昭和二十一年、復員した。敗戦、そして多くの戦友の死。悲痛な思いを抱いての帰還だった。そんな勝股さんに、追い撃ちをかけるような不幸が待ちかまえていた。思わぬ兄の事故死である。

兄の死は、もちろん哀しかった。だが勝股さんにとって打撃だったのは、家業の酒店を継ぐことだった。というのも、勝股さんは幼い頃から商売は性に合わない、と嫌っていたからである。旧制中学から陸軍士官学校に進んだのも、商売を嫌ってのことだった。が、戦争から帰ってみると、店は大黒柱を失い、母親と兄嫁が切り盛りしていた。しかも一家は十一人という大所帯。選択の余地はなかった。勝股さんは家業を継ぎ、兄嫁だったテルさんと結婚した。一家の犠牲になるつもりだったという。

ガダルカナルに眠る戦友

犠牲のつもりで家業を継いだ勝股さんだったが、やがて転機が訪れる。昭和三十二年のこと。勝股さんは母親の机の上の『白鳩』誌を目にした。何気なく読むうちに魅《ひ》かれるものがあった。それがキッカケで、東京・原宿の生長の家本部に指導を受けに行く気になった。一家の犠牲になったと来し方を打ち明ける勝股さんに、指導内容は手厳しかった。

「犠牲になっているという考え方がおかしい、と言われました。私は軍隊の経験から犠牲精神は最高の美徳と信じていましたから、すぐにはピンときませんでしたね。でもそれから谷口雅春先生の『生命の實相』を貪《むさぼ》るように読みました。自分の求めているものは何と狭いか、こんなに広い世界があったのか、とつくづく思いましたね」

『生命の實相』を拝読して、勝股さんは、目のウロコが落ちたような鮮烈な感動を覚えたというのである。

その頃から勝股さんは多忙な家業の合間を縫っては自らの戦争体験を記録したり、戦

病をおしての単独行も。ガダルカナル遺骨収集に託した祈りの15年

ガダルカナル島遺骨収集にかけた15年間を切々と語る勝股さん

死者の遺族に励ましの手紙を送るようになった。

その動機を、「戦友や遺族のことは、ずっと心にひっかかっていたんです。そんな折りに谷口雅春先生が、『戦争は迷いと迷いのぶつかり合いから起こる。大東亜戦争で亡くなった方も単なる無駄死ではなかった』とおっしゃっているのに接し、我が意を得たりと思いましたね」と、身を乗り出すようにして語ってくれた。

確かに、復員後、勝股さんの胸につかえていたのは、ガダルカナルに眠る戦友への絶ちがたい想いだった。昭和三十年、厚生省は遺骨収集団を派遣したが、その後は打ち切られていた。民間から気運が起き、自主参加の収集団が送られたのは四十六年のことである。そして、四十八年、厚生省は再び収集団を結成。このとき勝股さんは自ら道案内役を買ってでて、二十七年ぶりにガダルカナルの土を踏んだのだった。

単身で遺骨収集へ

行く前から、収集団派遣は今回限りで打ち切り、と聞かされていた。それだけに、勝股さんは必死になってジャングルの中を這《は》い回った。が、ジャングルは一メートル進むのに三分かかる。収集できた遺骨は亡くなった戦友のほんの一部だった。帰国する勝股さんの胸に去来したのは、まだ多くの戦友が眠っているんだ、何とかならんか、という思いだった。

しかし、厚生省の遺骨収集団は打ち切られた。勝股さんの戦友への想いは、募るばかりだった。そんなとき、勝股さんの胸を打つことがあった。翌四十九年、先輩の一人が自費でカダルカナルへ遺骨収集に赴《おもむ》いたというのである。しかも妻を連れ、永住を決意してのことだった。先輩の行動に心を動かされた勝股さんは、五十年夏、友人三人と共に、自費でガダルカナルに飛んだ。

キャンプを張っての遺骨収集だった。川っぷちの岩盤の上にシートを敷き、リュックを枕に眠った。山ではテントの中に雨水が浸入し、風邪をひいてしまったが、大雨で氾濫した幅百メートルの川を、現地人に体の両側を支えてもらいながら、首まで漬《つか》って渡ったところ、不思議と風邪は治ってしまったという。

帰国した勝股さんは、現地の地図や写真を突きつけ、厚生省の遺骨収集再開を要求した。止むに止まれぬ思いだった。この勝股さんの熱意が通じたのか、五十一年夏、厚生省は大がかりな遺骨収集団を派遣した。六十数人が十一泊十二日の野営を張っての遺骨収集だった。が、その後また、予算を理由に打ち切り状態が続く。

五十四年、勝股さんは友人と語らい、三人でガダルカナルに渡ることになった。ところが二人の都合が悪くなり、単身での遺骨収集だった。単独でジャングルに入るのは危険である。毒ヘビに噛《か》まれると、血清がないため一命を落とすことにもなりかねない。勝股さんは現地の商社に現地人を紹介してもらい、二人でジャングルに入った。ジャングルは蔓草《つる》のトゲがスダレのように立ちふさがり、竹も斜めに倒れかかって生えている。それを切り落とし、足を持ち上げながら進む。長時間続けていると、足の筋《すじ》が詰まったように痛むという。

単身の遺骨収集から帰った勝股さんは、再び厚生省に遺骨収集団の派遣再開を要求した。こうして翌五十五年、厚生省は遺骨収集団派遣を再開するのである。

「よく来てくれたなあ」

単身のガダルカナル行きを果たした勝股さんだったが、帰国後、大きな試練に見舞われた。胃を激痛が襲うようになったのである。実はガダルカナルに行く前から胃に痛みが走り、それを押しての単独行だった。現地では緊張感からか、痛みは消えていた。が、帰った途端に朝から深夜まで激痛が走った。食欲もなくなり、好物のシソの葉のオニギリしか喉を通らなくなった。怺《こら》えきれなくなって病院に駆け込むと、診断は胃潰瘍で早急の手術が必要というものだった。結果的には一ヵ月入院し、薬で治した。が、その後、病魔は繰り返し襲うことになった。

病魔との戦いは、六十年夏、凄《すさ》まじいツバぜり合いを迎えた。手術を説く医師に、勝股さんは今切れば九月一日出発予定の遺骨収集に間に合わない、と執拗《しつよう》に拒《こば》んだ。しかし、現地で痛みに襲われたときのことを考え、手術を受け入れる。手術は胃の三分の二を切除するものだった。術後は二ヵ月の入院が必要と言われていたが、三週間後には退院、歩行練習を始めていた。体力をつけるために、三度の食事も欠かさなかった。こうして、七月一日の手術後からちょうど二ヵ月後、勝股さんはガダルカナルに発った。

現地では早朝、『甘露の法雨』を読誦、神想観を行い、戦友たちが土の下から姿を現わしてくれることを祈った。

「私にも激戦の経験があるから亡くなった戦友の気持ちがよく分かるんです。軍隊と離れて一人ぼっちになったときは、〝仮に俺がここで死んでも、内地の家族は知らんだろうなあ〟と思ったものです。眠っている戦友もきっとそうだったろうと思うんですよ。だから名前は知らなくても、あなたはここで亡くなったのか、と声をかけてあげたいんです。そうすると、よく来てくれたなあ、俺はずっとここにいたんだよ、と言ってくれるような気がするんです」と、勝股さんは伏目がちに胸の裡《うち》を語った。

胃を切っての遺骨収集から帰った勝股さんは、病院でレントゲンを撮った。レントゲン写真を見た医師が驚きの声をあげた。腸が膨《ふく》らんで胃の一部になり、しかも一年分の回復をしていたのである。六十三年十一月、遺骨収集から帰国後、勝股さんを診察した医師は、完癒の太鼓判を押した。

地図の上の墓標

六十三年の遺骨収集で、勝股さんは不思議な体験をした。共に中隊長として夜襲を戦った戦友の「認識票」を見つけたのである。認識票とは、中隊名と氏名が記されているものだ。その認識票を見つけたところから一体の遺骨が発見された。間違いなく共に戦った戦友の遺骨だった。勝股さんは遺骨を戦友の実の姉のもとに届けた。ガダルカナル島での遺骨を遺族に返したのは、これが初めてのケースである。

「俺はここにいる、見逃がさないでくれよ、と言われているような気がしました。不思議というほかありませんが、生長の家の教え導きのままに行動すると、不思議なことがいくらも起こるのです。つくづく神と一つになることが大切なんだ、と思いましたね」

と、勝股さんは信仰と遺骨収集の深く固い結び目を語る。

遺骨収集について、世間には否定的な見方があるのも事実だ。一部には遺骨は単なる物質、日本で慰霊祭をやれば事足りるとする考え方もある。しかし、勝股さんは十五年間に十二回の遺骨収集を振り返り、「確かに物質には違いありませんが、戦友が眠っているところに行って、手厚く葬ってあげてこそ、初めて霊は浮かばれると思うんですよ」

と、めずらしく語気を強めた。

勝股さんは数枚の地図を大切に保存している。地図には遺骨の発見場所が克明《こくめい》にビッシリと記されていた。勝股さんの祈りが込められた、地図の上の墓標である。

「遺骨収集では生長の家の御教えのままに行動して、数多くの戦友の霊を慰めることができました。私は、復員してしばらくは自分の悩みの原因を外のせいにし、外にばかり解決の方法を求めていました。でも生長の家に出会い、祈ることによって、自分の内にある力に目覚め、それを引き出すことができたんです。信仰してきて本当によかったと思います。もっとも、商売は嫌いではなくなったけど、ほとんど息子に任《まか》せっぱなしで……」

しみじみと語ったあと、勝股さんは照れ臭そうに相好《そうごう》を崩《くず》した。

（平成元年八月号　取材／奥田益也　撮影／廣中雅昭）

半生を共に歩んだ戦後日本へのエール

東京都　会社役員　佐藤辰夫《さとうたつお》さん（61歳）

戦後の混乱期に育ち、企業戦士として海外に赴任。五年後、祖国を憂えて帰国した佐藤さんは生長の家の教えに触れ、日本に生まれた喜びを噛みしめた。もっと素晴らしい日本にしたいと、佐藤さんは伝道に力を注いでいる。

昭和十五年に東京で生まれた佐藤辰夫さんは、戦争中に疎開先の新潟で見た、米軍の空襲で炎上する長岡市の有様がいまだに目に焼き付いている。

「物心がつくに従って戦争の悲惨さが分かってきました。小学四年のときに一年だけ東京で暮らしましたが、そのときの東京はどこか虚脱感をひきずっており、米兵に寄り添って歩く女性の姿が目につきましたね。隅田川にはよく若い男の溺死体が流れていましたが、あれは米兵に投げ込まれたと聞かされ、何とも言えない嫌な気分になったものです」

だが、当時の少年の多くがそうであったように、佐藤さんはアメリカに憧れた。

「こんな夢を見てましたよ。背中に羽が付いて今日はどこに行こうかと思いながら世界中を飛び回るんです。行き先はアメリカやヨーロッパで、今思えば、占領下にあって欧米は素晴らしいという教育を受けた影響もあったと思いますが、恨む教育を受けるよりも遥かに良かった。私は日本も大好きでしたからね」

当時は誰もが貧困に喘《あえ》いでいた。父親は新潟県三条市で商売をしていたが、五人の子供を抱えて生活は楽ではなかった。そんな中で、三男の佐藤さんは、貧困から抜け出るには勉強する以外にないと信じた。

「牛乳配達や新聞配達をしている友だちもいましたが、私はその時間を勉強に充《あ》てようと考えましたね。勉強をして世の中の役に立つ人間になろう、そうすれば生活も楽になると思ったものです」

苦手だった英語も克服して成績はトップクラス。高校二年の時に六十年安保闘争があったが、「あのバカ騒ぎは日本をダメにする」と思って冷ややかに見ていた。

「生長の家に触れて私の人生は一変しました」と語る佐藤さん

中学のころから好きだった科学を学びたいと、東京理科大学に進学して化学を専攻。昭和四十年に㈱日本製鋼所に就職し、北海道の室蘭製作所に配属された。

五年間のヨーロッパ生活

高度経済成長の波に乗って会社の業績は上昇し、主に製品検査の分野を歩いた佐藤さんも業務に全力を注いだ。二十八歳のときに妻の優子さん（56）と結婚して二人の子供を授かった。

そして昭和五十一年、佐藤さんは海外駐在員として当時の西ドイツに赴任する。与えられた仕事は、主に原子力発電所の建設に用いる特殊鋼の販売で、佐藤さんは技術者として、営業マンと一緒に販売先を訪ね歩いた。

「英語のできる技術者として白羽の矢が当たりましたが、行き先はドイツです。言葉では苦労しましたが、室蘭で素晴らしい上司に恵まれて、あらゆる製品を担当させて頂いたのが役立ちました」

こうして佐藤さんは、ドイツのデュッセルドルフ市に家族と一緒に住み、五年間にわたってヨーロッパ全域と南アフリカなどを飛び回る日々を過ごす。

「子供のころの夢が現実になったわけで感無量でした。ヨーロッパは確かに素晴らしかったですが、違う面もありましたね。労働者の天国と言われていた共産圏の国に行くと、人々は夢も希望もなく惨めに暮らしている。パリやロンドンなどの都会には華麗なイメージを抱いていましたが、日本では考えられないほど汚れていて治安も悪いんです」

日本に対する複雑な心情を抱いている人もいた。オランダのある会社経営者からは、「我々からインドネシアを奪った日本人の顔は見たくもない」と言われた。

「反論しましたよ。その前に三百年も植民地にしてインドネシアの人々を苦しめていた、それを解放した日本がなぜ非難されるのでしょうと言うと、驚いて、お前は日本人かと聞くので、日本人だと答えました。それで分かってくれましたが、言うべき事は言わなければならないんです」

また、親しくなった友人から「日本は大国なのになぜ戦争反対だけ叫んで何もしないのか」と厳しく問われたこともある。

「憲法の制約があると説明しましたが、これがなかなか理解してはくれないんです。国際社会の中で日本の置かれた立場を思わずにはおれませんでした」

昭和五十六年、佐藤さんは東京の本社に呼び戻されて帰国。日本を拠点にして北米に出張し、営業活動に奔走する日々を過ごした。

衝撃だった教えとの出会い

その二年後、佐藤さんは近所の本屋で、生長の家創始者・谷口雅春師の著書『生命の實相』第一巻を手にする。

「生長の家は全く知りませんでしたが、生命という言葉が好きなので思わず買い求めました。読んでみると、宗教の神髄が近代科学を踏まえて詳しく説かれていたんです。五感では見えない世界が神様の創造された本当にある世界で、人間は本来神の子、完全円満なんだという内容に驚喜しましたね」

それから『生命の實相』全四十巻を買い求め、どこに行くにも、その中の一冊を持ち歩いて繰り返し読んだ。

「人間万歳という気持ちでした。それと嬉《うれ》しかったのが、私の抱いていた国家観は間違ってはいなかったと思えたことです。万世一系《ばんせいいっけい》の天皇陛下を中心にして国民が一つにまとまっている日本に生まれた喜びを改めて噛みしめました」

その後、佐藤さんは四十四歳で外資系の会社に転職し、一年後に現在の会社に就職した。

「自分の可能性を伸ばしたいと思ったのが第一ですが、子供の教育のことも考えました。海外赴任が迫っていて、これ以上子供に迷惑をかけたくないと思ったんです。私の気持ちを理解してくれた女房には本当に感謝しています」

川崎市に本社のある会社は、精油所や発電所の施設の検査を主な業務にしている。数十名ほどの技術者集団で、管理職として迎えられた佐藤さんも現場に立ち、経理も営業にも携わった。人材も限られていたので、生命を礼拝し「言葉の力」でその長所を引き出す生長の家の教育法を活用し、部下の能力を活かすことに努めてきた。

定年の六十歳を越えた佐藤さんだが、現在も取締役兼営業部長として第一線に立ち、その一方で生長の家の相愛会長として地道に伝道活動を続けている。

素晴らしい日本人を信じて

佐藤さんは、自らの半生を感慨を込めてふり返る。

「期せずして日本の戦後の歩みと重なっているんです。戦争の混乱の中で育った私は明るい未来を信じて歩んできたし、日本も豊かで平和な国を目指して今日に至っている。その日本の素晴らしさは、やはり日本人が長い歴史で培《つちか》ってきた底力にあると思う。『プロジェクトX』というテレビ番組がありますが、企業戦士が力を合わせて逆境からはい上がる姿にそれが現れている。あれを観る度に私は胸を打たれるんです」

愛してやまない日本だが、それだけに佐藤さんは日本の現状を憂える気持ちが強い。

「生長の家総裁・谷口清超先生が示されておられるように、日本も集団的自衛権を行使できるようになって、本当の意味での国際貢献を果たせるようになってほしい。私は日本人を信じていますが、その心を目覚めさせるためにも、生長の家の教えを一人でも多くの人に伝えたいと思っているんです」

一昨年、長女の真理子さん（29）に初孫が生まれた。長男の裕樹さん（32）は、高校を卒業するとアメリカの大学に留学して平成九年に帰国し、大手広告代理店に勤務している。

「息子は渡米したとき、私は何も言わないのに谷口清超先生のご著書を持って行ったんです。うれしかったですね、私の背中を見てくれていたんだと思いました」

十年前から自宅で生長の家の仲間が集う誌友会を開いてきた。参加者が増えて去年から近所の公共施設に会場を移したが、そこには夫を陰で支えつづける妻の優子さんの姿があった。

（平成十四年二月号　取材／佐柄全一　撮影／原　繁）

教化部名	所在地	電話番号	FAX番号
静岡県	〒432-8011 浜松市城北2-8-14	053-471-7193	053-471-7195
愛知県	〒460-0011 名古屋市中区大須4-15-53	052-262-7761	052-262-7751
岐阜県	〒500-8824 岐阜市北八ッ寺町1	058-265-7131	058-267-1151
三重県	〒514-0034 津市南丸之内9-15	059-224-1177	059-224-0933
滋賀県	〒527-0034 八日市市沖野1-4-28	0748-22-1388	0748-24-2141
京　都	〒606-8332 京都市左京区岡崎東天王町31	075-761-1313	075-761-3276
両丹道場	〒625-0081 舞鶴市北吸497	0773-62-1443	0773-63-7861
奈良県	〒639-1016 大和郡山市城南町2-35	0743-53-0518	0743-54-5210
大　阪	〒543-0001 大阪市天王寺区上本町5-6-15	06-6761-2906	06-6768-6385
和歌山県	〒641-0051 和歌山市西高松1-3-5	073-436-7220	073-436-7267
兵庫県	〒650-0016 神戸市中央区橘通2-3-15	078-341-3921	078-371-5688
岡山県	〒703-8256 岡山市浜1-14-6	086-272-3281	086-273-3581
広島県	〒732-0057 広島市東区二葉の里2-6-27	082-264-1366	082-263-5396
鳥取県	〒682-0022 倉吉市上井町1-251	0858-26-2477	0858-26-6919
島根県	〒693-0004 出雲市渡橋町542-12	0853-22-5331	0853-23-3107
山口県	〒754-1252 吉敷郡阿知須町字大平山1134	0836-65-5969	0836-65-5954
香川県	〒761-0104 高松市高松町1557-34	087-841-1241	087-843-3891
愛媛県	〒791-1112 松山市南高井町1744-1	089-976-2131	089-976-4188
徳島県	〒770-8072 徳島市八万町中津浦229-1	088-625-2611	088-625-2606
高知県	〒780-0862 高知市鷹匠町2-1-2	088-822-4178	088-822-4143
福岡県	〒818-0105 太宰府市都府楼南5-1-1	092-921-1414	092-921-1523
大分県	〒870-0047 大分市中島西1-8-18	097-534-4896	097-534-6347
佐賀県	〒840-0811 佐賀市大財4-5-6	0952-23-7358	0952-23-7505
長　崎	〒852-8017 長崎市岩見町8-1	095-862-1150	095-862-0054
佐世保	〒857-0027 佐世保市谷郷町12-21	0956-22-6474	0956-22-4758
熊本県	〒860-0032 熊本市万町2-30	096-353-5853	096-354-7050
宮崎県	〒889-2162 宮崎市青島1-8-5	0985-65-2150	0985-55-4930
鹿児島県	〒892-0846 鹿児島市加治屋町2-2	099-224-4088	099-224-4089
沖縄県	〒900-0012 那覇市泊1-11-4	098-867-3531	098-867-6812

●生長の家教化部一覧

教化部名	所在地	電話番号	FAX番号
札　幌	〒063-0829 札幌市西区発寒9条12-1-1	011-662-3911	011-662-3912
小　樽	〒047-0033 小樽市富岡2-10-25	0134-34-1717	0134-34-1550
室　蘭	〒050-0082 室蘭市寿町2-15-4	0143-46-3013	0143-43-0496
函　館	〒040-0033 函館市千歳町19-3	0138-22-7171	0138-22-4451
旭　川	〒070-0810 旭川市本町1-2518-1	0166-51-2352	0166-53-1215
空　知	〒073-0031 滝川市栄町4-8-2	0125-24-6282	0125-22-7752
釧　路	〒085-0832 釧路市富士見3-11-24	0154-44-2521	0154-44-2523
北　見	〒099-0878 北見市東相内町584-4	0157-36-0293	0157-36-0295
帯　広	〒080-0802 帯広市東2条南27-1-20	0155-24-7533	0155-24-7544
青森県	〒030-0812 青森市堤町2-6-13	017-734-1680	017-723-4148
秋田県	〒010-0023 秋田市楢山本町2-18	018-834-3255	018-834-3383
岩手県	〒020-0066 盛岡市上田1-14-1	019-654-7381	019-623-3715
山形県	〒990-0021 山形市小白川町5-29-1	023-641-5191	023-641-5148
宮城県	〒981-1105 仙台市太白区西中田5-17-53	022-242-5421	022-242-5429
福島県	〒963-8006 郡山市赤木町11-6	024-922-2767	024-938-3416
茨城県	〒312-0031 ひたちなか市後台字片岡421-2	029-273-2446	029-273-2429
栃木県	〒321-0933 宇都宮市簗瀬町字桶内159-3	028-633-7976	028-633-7999
群馬県	〒370-0801 高崎市上並榎町455-1	027-361-2772	027-363-9267
埼玉県	〒336-0923 さいたま市大字大間木字会ノ谷483-1	048-874-5477	048-874-7441
千葉県	〒260-0032 千葉市中央区登戸3-1-31	043-241-0843	043-246-9327
神奈川県	〒246-0031 横浜市瀬谷区瀬谷3-9-1	045-301-2901	045-303-6695
東京第一	〒112-0012 文京区大塚5-31-12	03-5319-4051	03-5319-4061
東京第二	〒183-0042 府中市武蔵台3-4-1	042-574-0641	042-574-0055
山梨県	〒406-0032 東八代郡石和町四日市場1592-3	055-262-9601	055-262-9605
長野県	〒390-0862 松本市宮渕3-7-35	0263-34-2627	0263-34-2626
長　岡	〒940-0853 長岡市中沢3-364-1	0258-32-8388	0258-32-7674
新　潟	〒951-8133 新潟市川岸町3-17-30	025-231-3161	025-231-3164
富山県	〒930-0103 富山市北代6888-1	076-434-2667	076-434-1943
石川県	〒920-0022 金沢市北安江1-5-12	076-223-5421	076-224-0865
福井県	〒918-8057 福井市加茂河原1-5-10	0776-35-1555	0776-35-4895

●生長の家練成会案内

総本山……長崎県西彼杵郡西彼町喰場郷1567　☎0959-27-1155

＊龍宮住吉本宮練成会……毎月1日～7日（1月を除く）

＊龍宮住吉本宮境内地献労練成会……毎月7日～10日（5月を除く）

本部練成道場……東京都調布市飛田給2-3-1　☎0424-84-1122

＊一般練成会……毎月1日～10日

＊短期練成会……毎月第三週の木～日曜日

＊光明実践練成会……毎月第二週の金～日曜日

＊経営トップセミナー、能力開発セミナー……（問い合わせのこと）

宇治別格本山……京都府宇治市宇治塔の川32　☎0774-21-2151

＊一般練成会……毎月10日～20日

＊神の子を自覚する練成会……毎月月末日～5日

＊伝道実践者養成練成会……毎月20日～22日（11月を除く）

＊能力開発研修会……（問い合わせのこと）

富士河口湖練成道場……山梨県南都留郡河口湖町船津5088　☎0555-72-1207

＊一般練成会……毎月10日～20日

＊短期練成会……毎月月末日～3日

＊能力開発繁栄研修会……（問い合わせのこと）

ゆには練成道場……福岡県太宰府市都府楼南5-1-1　☎092-921-1417

＊一般練成会……毎月13日～20日

＊短期練成会……毎月25日～27日（12月を除く）

松陰練成道場……山口県吉敷郡阿知須町大平山1134　☎0836-65-2195

＊一般練成会……毎月15日～21日

＊伝道実践者養成練成会……（問い合わせのこと）

○奉納金・持参品・日程変更詳細は各道場へお問い合わせください。

○各教区でも練成会が開催されています。詳しくは各教化部にお問い合わせください。

○海外は「北米練成道場」「ハワイ練成道場」「南米練成道場」等があります。

生長の家本部　〒150-8672　東京都渋谷区神宮前1-23-30　☎03-3401-0131　FAX03-3401-3596